INVENTAIRE
V26837

V.

V. 2656. 8.
363C.

24837

CATALOGUE

D'UNE BELLE COLLECTION

DE TABLEAUX,

ESTAMPES ET DESSEINS,

Provenans de la Vente du Prince de RUBEMPRÉ, *faite à Bruxelles, & dont la vente se fera à Paris, dans le courant du mois de Juin* 1765.

Le jour & l'endroit seront indiqués par des Affiches, & annoncés par les petites.

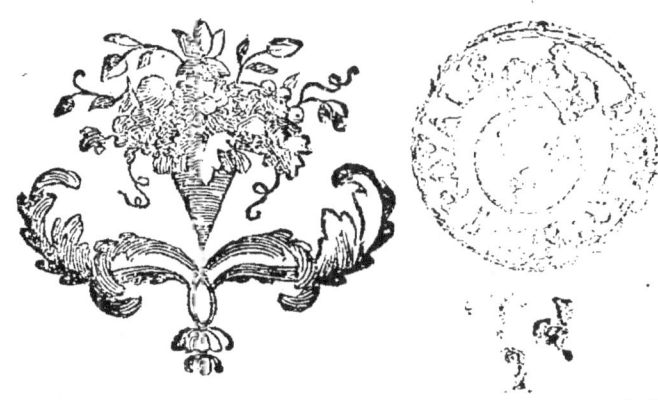

Se vend,

A PARIS,

Chez PRAULT, Quay de Gêvres.

M. DCC. LXV.

AVERTISSEMENT.

LEs Tableaux que nous annonçons ici de Teniers, sont, de l'aveu de tous les plus grands Connoisseurs, les plus capitaux que l'on ait jamais vû de ce grand Peintre; ils seront vendus à l'amiable, c'est à dire, sans être criés à l'enchere, ainsi que trois ou quatre autres, capitaux dans leurs genres, mais dont les prix ne sont pas si hauts que des deux Teniers.

Pour les enlever de la Flandre, il a fallu tenir tête à des Princes puissans; & il ne falloit pas moins de courage que nous en avons eu pour procurer à notre Nation des choses aussi précieuses, pour la dédommager un peu des pertes que nous lui voyons faire souvent en ce genre.

Toutes les Estampes & desseins seront vendus en la maniere accoûtumée, au plus offrant & dernier encherisseur, ainsi que le reste des Tableaux.

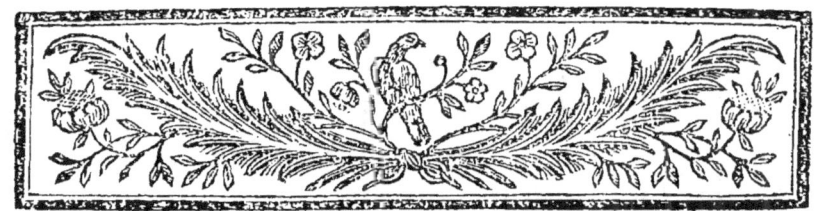

CATALOGUE

D'UNE BELLE COLLECTION

DE TABLEAUX,

ESTAMPES ET DESSEINS.

ESTAMPES

D'APRÉS RAPHAEL.

N° 1. La Céne, gravée par *Marc-Antoine*; Epreuve de toute beauté & condition.

2 Le Martyre de Sainte Martine, par le même; premiere Epreuve avant l'oreille de la Sainte qui se voit dans les autres : elle est superbe & de la plus belle conservation.

3 Saint Paul prêchant dans Athênes. *Idem.*
4 Le Massacre des Innocens. *Idem.*
5 Jesus-Christ mort, & la Vierge appellée au Bras nud. *Idem.*
6 Les Cinq Saints. *Idem.*
7 Sainte Cecile. *Idem.* Epreuve parfaite.
7 *bis.* Une autre. *Idem.*

A ij

8 La petite Peste. *Idem.* ⎫ Epreuves de toute
9 Le Parnasse. *Idem.* ⎬ beauté & conser-
10 La Galathée. *Idem.* ⎭ vation.
11 Le *Quos Ego.*
12 La Vendange : très-belle Epreuve.
13 Hercule étouffant Antée.
14 La Bataille au petit Couteau.
15 Six Piéces par *M. Antoine* & *Bonasone.*
16 Les quatre Evangelistes, par *Augustin Venitien.*
17 La Mort, tenant le Livre du Destin, grande composition, par *Silvestre de Ravenne.*
18 Huit Sujets divers, du Parmesan, gravés par lui-même, & d'après lui.
19 Neuf *idem.*
20 Le grand Calvaire du Tintoret, en trois piéces, par *Aug. Carache.* Et le Martyre de Sainte Justine en deux feuilles, par le même. d'après P. Veronese.
21 L'*Ecce Homo*, d'après le Correge, gravé par le même. Epreuve de toute beauté.
22 Jesus-Christ au Tombeau, par le même, d'après Paul Veronese. Superbe Epreuve.
23 Saint François stigmatisé, composé & gravé par *Augustin Carache.* Epreuve parfaite. nn.
24 Jesus-Christ couronné d'épines, par *A Carache.* Et la Vierge au Manteau, par *Aug. Idem.*
25 Le Portrait du Titien, par *Aug. Carache.* Et Enée sauvant son pere Anchise, par le même, d'après Baroche. Très-belles Epreuves.
26 La Sainte Famille, en travers, par *Louis Carache.* Superbe Epreuve.

DE TABLEAUX, ESTAMPES, &c. 5

27 Trois piéces, dont le grand Saint Jerôme, par *Aug. Carache*.
28 Six Pieces par les *Carache*. Le petit Comédien par *Aug*. Plusieurs Eaux fortes par *Annibal*, &c.
29 Six Eaux fortes diverses par les *Carache* & autres.
30 Dix-sept *idem*.
31 Vingt *idem*.
32 Neuf grandes *idem*, par *Pietre del Po* & autres.
33 Onze *idem*, par *Mitelli*.
34 Trente Pieces, par *M. Antoine, Bonasone* & autres.
35 Seize Pieces, par *Aug. Carache*, & autres.
36 Quarante *idem*.
37 Quatre Pieces, belles Epreuves. Une Sainte Famille rare, par *Aug. Carache*, une petite Vierge, un Saint Jerôme, par *Annibal*; & une Sainte Famille par *Bonasone*, d'après Raphael.
38 Le Saint François mourant, composé & gravé à l'eau forte par *Vanius*. Très-belle Epreuve.
39 Trois Sujets de Vierges, par Biscaino, rares.
40 Quatre eaux fortes *du Guide*, dont la Cleopâtre, Saint Christophe, &c.
41 Six *idem*.
42 Six autres, *idem*.
43 Quatre Eaux fortes *de l'Espagnolet*, dont le S. Barthelemy...
44 Huit piéces, dont le couronnement d'épines, *par Anni Carache*. Omnia vincit amor par *Aug. R.*

45 Qaatre piéces gravées à l'eau forte, *par Salvator Rose*, repréfentant l'Œdipe, la chute des Géans, le fuplice de Regulus & le Tyran Polycrate.

46 Deux Payfages d'après Salvator Rofe, gravés *par J. Offenbeeck*, rares.

47 Soixante-deux Soldats gravés à l'eau forte, *par Salvator Rofe*.

48 Vingt-fix piéces; les Tritons *de Salvator Rofe*, les Soldats de Ph. Napolitain & autres.

49 Trois Eftampes, dont l'Aumône du Dominiquain, gravées *par Poilly*.

50 Trois morceaux; la Bataille d'Arbelle d'après P. de Cortonne, *par Aquila*, en deux feuilles. Jofeph & la femme de Putifar, *par Frey* d'après C. Cignani, & Ste Pétronille du Guerchin, *par Dorigny*; belles épreuves.

51 Deux grandes Thèfes en plufieurs feuilles, *par Spierre* d'après Ciro-Fer.

52 Soixante-neuf piéces à l'eau forte, dont plufieurs du plat-fond du *Correge*.

53 Dix piéces, *par Benedette Caftiglione*, belles épreuves; Nativité, fuite en Égypte, Bacchanale.

54 Soixante-fix piéces diverfes, dont deux Livres à deffiner, *du Carache*.

55 Deux piéces, *par Aug. Carache*; la Rofe & la Culbute.

56 Neuf Eaux fortes diverfes, dont l'Aveugle guéri, d'après le Mole, *par C. Maratte*; la Sufanne d'Annibal, *Carache*, &c.

57 La Vierge du Correge, gravée *par Spierre*; premiere épreuve avant la Lettre & le petit Arbre dans le fond, d'une parfaite confervation.

58 Deux Estampes d'après le même, dont le Mariage de S.te Catherine, *par Picart le Romain.*

59 La S.te Famille de Raphaël, *par G. Edelinck*; premiere épreuve avant les Armes & la Lettre; de toute beauté & conservation.

60 L'Adoration des Bergers d'après le Guide, gravée *par F. Poilly*, de forme octogone; premiere épreuve avant les Anges, & la bordure finie, très-bien conservée.

61 Erigone découvrant Bacchus, sous la forme d'une grappe de Raisin d'après le Guide, *par C. Vermeulen*; premiere épreuve avant la Lettre.

62 L'Assomption de la Vierge d'après le Guide, *par Bruny*; la Transfiguration d'après Raphaël, *par C. Cort*, & une Vierge d'après le même, *par Boulanger.*

63 L'Aurore d'après le Guide, *par Pasqualini*, en deux feuilles, & trois autres piéces à l'eau forte d'après le Carache, &c.

64 Treize piéces d'après le Guide, dont la Peinture couronnée par l'Amour, &c.

65 J. C. présenté au Peuple; grande composition d'après le Titien, *par Hollar*, d'une grande beauté d'épreuve.

65, bis. Deux grandes eaux fortes *de B. Bremberg*; S. Laurent, & Joseph en terre d'Égypthe; belles épreuves.

66 La Toilette de Venus, & trois autres Sujets de la Fable, gravés *par Baudet* d'après l'Albane; belles épreuves.

67 Le Déluge, *par Edelinck* d'après Aléxandre Veronèse; très-belle épreuve.

68 Un Combat de Cavaliers d'après Léonard de Vinci, gravé *par Edelinck*, premiere & parfaite épreuve avant la Lettre.

69 Le couronnement d'Épines d'après Vandick, *par Bolsvert*; très-belle épreuve.

70 Mars désarmé par Venus d'après le même, *par Waumans*; épreuve & contre épreuve.

71 Trois piéces, dont deux Sujets d'enfans d'après Vandyck & Lairesse, gravés *par Bary*.

72 Quatre Portraits d'après Vandyck, dont le Prince Thomas de Savoye, *par Vorsterman*.

RUBENS.

73 La Visitation, grande piéce en hauteur, *par P. de Jode*; belle épreuve.

74 Le Massacre des Innocents en deux feuilles, *par P. Pontius*; superbe épreuve.

74, bis. Une autre, *idem*.

75 L'adoration des Bergers, grande & belle composition en hauteur, gravée *par Vorsterman*.

75, bis. Une autre, *idem*.

76 L'adoration des Rois en deux feuilles, *par le même*.

77 L'adoration des Rois, grande piéce en hauteur, *par le même*, & S. Roch, *par P. Pontius*.

78 La Nativité, l'adoration des Roys, & une Ste. Famille, toutes trois, *par Bolsvert*, & belles épreuves.

79 La Présentation au Temple & le Portement de Croix *de P. Pontius*.

DE TABLEAUX, ESTAMPES, &c. 9

80 La chute des Reprouvés, *par Vorsterman*, & la Pentecôte, *par Pontius*.

81 La Vierge au Mouton, gravée par *Bolsvert*, *Vanden Enden*, exc. . . . .

82 Une S^{te}. Famille au Mouton, *par Witdoeck*; superbe épreuve.

83 Autre S^{te}. Famille, *par le même*, où l'Enfant Jesus dort ; superbe épreuve.

84 Le retour d'Égypte, *par Bolsvert, Vanden Enden*, exc.

85 Une S^{te}. Famille, une Adoration des Rois, *par Witdoeck*, & une Adoration des Bergers, *par Vorsterman*.

86 La Nativité, la Vierge au Mouton, l'Annonciation & le Mariage de la Vierge, toutes quatre *par Bolsvert*.

87 La Vierge au Peroquet, Jesus sur les genoux de la Vierge, & une petite Vierge avec l'Enfant Jesus, à côté d'une Fontaine, *par Bolsvert*.

88 Quatre piéces, dont la Vierge que l'Enfant Jesus embrasse, *par Bolsvert* ; la Tradition des Clefs, &c.

89 Cinq autres, *idem*, dont la Vierge & S. François, gravé *par C. Vischer*, &c.

90 Le Tribut de César, *par Vorsterman* ; très-belle épreuve.

90, *bis*, La Cêne de N. S. *par Bolsvert* ; superbe épreuve.

91 La grande Élévation de Croix en trois feuilles, *par Witdoeck* ; parfaite épreuve.

92 J. C. en Croix entre les deux Larrons ; *par Bolsvert*.

93 J. C. en Croix entre les deux Larrons, grande

B

& belle compofition, où un Soldat perce de fa Lance le côté de N. S.; fuperbe épreuve.

93, *bis*, Un autre, *idem*.

94 Une Défcente de Croix, rare, *par Waumans*; belle épreuve.

95 La Défcente de Croix d'Anvers, grande & fuperbe compofition, gravée *par Vorfterman*.

96 Le Portement de Croix, *par P. Pontius*; fuperbe épreuve.

97 Deux Chrifts, *par Soutman & Vorfterman*.

98 Le Chrift au tombeau avec S. François, *par P. Pontius*; épreuve admirable.

99 Deux Chutes des Anges, *par Soutman & Van Orley*.

100 Autre chute des Anges avant les draperies, *par Suyderoef*; belle épreuve.

101 Le Serpent d'Airain, le Chrift préfenté au Peuple, *par Bolfvert*, & la Vierge aux Anges, *par Cor. Vifcher*.

102 Le repas du Pharifien, *par Natalis*; belle épreuve.

103 Le repas d'Hérode, *par Bolfvert*; fuperbe épreuve.

104 Thomiris faifant plonger la tête de Cyrus dans le fang, *par Pontius*; cette Eftampe eft une des plus belles compofition de *ce Maître*, & l'épreuve en eft parfaite.

105 La continence de Scipion, *par Bolfvert*; fuperbe épreuve.

106 La Converfion de S. Paul, & le Combat des Amazones, en fix feuilles.

107 La Vierge fur un Trône, entourée de plufieurs Saints, & au bas du Trône, S. Auguftin, S. Georges, &c., grande & fuperbe

composition ; d'une épreuve parfaite, gravée *par Snayers.*

108 Le Martyr S. Thomas, *par Néeffs ;* belle épreuve.

109 La chute des Anges, *par Vorsterman*, idem.

110 La Resurrection du Lazare, *par Bolsvert*, idem.

111 La Conversion de S. Paul, *idem.*

112 S. Roch, & le Martyr S. Lyvins, *idem*; *par Witdocek.*

113 Le Tombeau de Rubens ; belle composition, représentant la Vierge, S. Jérôme, S. Georges, &c., *par P. Pontius.*

114 S. Bavon, *par Pilsen* ; Loth & ses filles, *par Wleew*, & S. François, *par Galle.*

115 Six piéces, dont deux Aparitions de J. C. la Charité Romaine, &c.

116 Deux Assomptions, *par P. Pontius & Witdoeck*, & le Christ aux coups de poings.

117 Le Jugement de Salomon, *par Bolsvert*, & une Vierge dans une Niche, *par Galle*, belles épreuves.

118 Cinq Pieces, dont Loth *par Wleew & Suvanenburg* ; Samson, *par Matham*, &c.

119 Neuf Piéces, dont une Sainte Famille, *par Vorsterman.* La Fraction du pain par *Sompel*, &c.

120 Loth sortant de Sodome, *par Vorsterman* ; Sainte Cécile, *par Bolsvert*, & Sénéque, *par Galle* ; belles épreuves.

121 Progné, *par Galle* ; superbe épreuve.

122 Deux piéces gravées en bois, *par Seghers* ; Suzanne & les Vieillards ; & l'autre, Bacchus yvre.

CATALOGUE

123 Silène yvre, par *Van Orley* ; & le Triomphe de Bacchus, à l'eau forte par *Popels*, belles épreuves.

124 Une Collation servie, auprès de laquelle est un Satyre endormi sur des raisins ; cette piéce est très-rare ; elle est gravée par *Wyngaerde*, & l'épreuve est de toute beauté.

124 bis. Une grande Bacchanale par *Soutman*, & Bacchus par *Popels*, superbes épreuves.

125 L'enlévement de Proserpine, & un Satyre yvre, toutes deux par *Soutman*.

126 La Nature ornée par les Graces, par *Vandalen* ; & la chaste Suzanne par *Vorsterman*.

127 Vénus sur les eaux, par *Soutman*, belle épreuve.

128 Les trois Graces par *P. de Jode* ; & un Satyre portant un panier de raisins, par *Al. Voet*.

129 Six piéces, dont Bacchus yvre, par *Suyderoef* ; les deux Batailles de Constantin, par *Montcornet*, &c.

130 Vingt-quatre titres & sujets du Missel, par *Galle*, &c. des premieres épreuves.

131 Vingt *idem*.

132 Treize *idem*.

133 La grande Chasse aux Lions, par *Bolsvert* ; superbe épreuve.

134 Celle au Crocodille, par *Soutman*, idem.

135 Celle au Sanglier, idem.

136 Celle aux Lions, par *Wleew*, idem.

137 Vénus allaitant les Amours, d'après *Rubens* par *Galle* ; & une Vierge par *Bolsvert*, d'après *le Parmesan*, superbes épreuves.

138 Mercure & Argus, d'après *J. Jordans* par *Bolsvert* ; épreuve parfaite.

DE TABLEAUX, ESTAMPES, &c. 13

139 Trois d'après le même, dont Baucis & Philemon, &c. &c.

REMBRANDT VAN RHYN.

140 Jesus-Christ guérissant les Malades, ou la pièce de cent florins, belle.
141 Le grand Ecce Homo, avant l'ombre sur la tête d'une Figure aux pieds du Christ, épreuve parfaite.
142 Le Samaritain.
143 La Résurrection du Lazare, superbe épreuve par le même.
144 La petite Tombe & une Fuite en Egypte, rare, N°. 54. du Cat. de *Gersaint*.
145 L'Adoration des Bergers, N°. 45 dudit Cat.
146 Deux pièces par le même, le Samaritain & la Résurrection du Lazare.
147 La Médée, épreuve de toute beauté.
148 Trois pièces, des Mandians qui jouent de la Cornemuse à la porte d'une maison. Le Joueur de Mail, & le Baptême de l'Eunuque de la Reine de Candace, petite pièce par le même.
149 Des Mandians à la porte d'une maison, épreuve & contre épreuve de toute beauté.
150 Le Tailleur de plume, très-belle épreuve.
151 La femme à la Fleche, *idem*.
152 LE BOURGUEMESTRE SIX, cette pièce est connue pour la plus rare de *Rembrandt*, N°. 265. du cat. L'épreuve est de toute beauté, & avant l'âge marqué au côté gauche de la planche.
153 Le Portrait de Silvius, *idem*, parfaitement beau.

154 Le grand Coppenol, *idem*.
155 Le petit Coppenol, épreuve avec le Tableau dans le fond, *idem*.
156 Clément de Jonghe, avant le ceintre.
157 Quatre Têtes, parfaites épreuves par le même.
158 Quatre, *idem*.
159 Cinq Têtes & sujets divers, par le même.
160 Neuf, *idem*.
161 Quatre sujets par *Ferdinand Bol* & autres.
162 La Résurrection du Lazare, par *Lyvyus* d'après *Rembrandt*.
163 Six petites Vaches & Moutons, composés & gravés par *Berghem*.
164 Quatre piéces gravés par *Hollar*, dont la Cathédrale d'Anvers.
165 Treize petits Portraits d'Hommes, rares, par *Hollar*, belles épreuves.
166 Sept *idem*, d'après *Holbein* & autres.
167 Neuf, *idem*.
168 Charles II. Roi d'Angleterre, sujet allégorique, gravé par le même d'après *C. Schut*, piéce rare.
169 Dix-sept sujets d'Animaux, gravés par *H. Roos*, premieres épreuves.
170 La Fricasseuse, piéce capitale de *Corneille Vischer*, avant le nom de *Clement de Jonghe*, épreuve d'une beauté & d'une conservation parfaite
171 La Bohémienne & la Tabagie, par le même.
172 Trente-six piéces diverses, dont le Violonneur, de *Vischer*; le Bal, de *Suyderoef*, &c.
173 Cent Feuilles diverses du Livre des Cé-

rémonies religieuses de *B. Picart*, premieres épreuves.

174 Une grande Foire d'après *Vinckbons*, par *N. de Bruyn*, Estampe capitale d'une grande beauté d'épreuve, & d'une belle conservation.

175 L'Arracheur de dents, d'après *Théodore Rombouts*, belle épreuve.

176 Neuf piéces diverses par *Lutma*, *Vorsterman* & autres.

177 Quarante-quatre petits sujets divers, composés & gravés à l'eau forte par *Willem Baure*, avec son Portrait, par lui-même.

178 Les sept Sacremens du Poussin, par *Pesne*, en quatorze morceaux, anciennes épreuves.

179 Sept sujets divers par *Drevet*, *Edelinck*, d'après le Correge, le Poussin, & autres, belles épreuves.

180 Deux grandes Thèses par *Edelinck* d'après le Brun; celle de la Paix, & Louis XIV. à cheval, très-belles épreuves.

181 La Famille de Darius d'après Mignard par *Edelinck* & *Drevet*, de toute beauté & conserservation.

182 La Conqueste de la Franche-Comté, par *Simonneau* d'après le Brun, très-belle épreuve.

183 Trois Platfonds d'après le même, par G. *Audran* & *Simonneau*; & celui du Palais Royal, d'après Coypel.

184 Quarante-deux Statues antiques gravées par *Mellan* en Italie & en France.

184 bis. La Présentation au Temple, par *Drevet* d'après Boulogne, premiere épreuve.

185 Jesus-Christ descendu de la Croix, d'après

le Bourdon par *Boulanger*, très-belle épreuve.
186 Une Sainte Famille, d'après de Seve, par *Edelinck*.
187 Adam & Eve, d'après Ant. Coypel, par *Drevet*, premiere épreuve.
188 Quatre sujets d'après Ant. & Ch. Coypel, dont le *Quos Ego* de la Galerie du Palais Royal, &c.
189 Treize divers sujets d'après Coypel & Oudry.
190 Les Comédies de Moliere en trente-trois piéces, par *Laur. Cars*, d'après Boucher, belles épreuves.
191 Quatre-vingt-quatre Feuilles de Monnoies, par *le Clerc* & *Giffart*.
191 *bis*. Les Batailles du Maréchal de Villars, en trois piéces d'après Martin.
192 Quatre grandes piéces par *Vandermeulen*, le Pont Neuf, &c.
192 *bis*. Le Reposoir, par *Della Bella*, superbe épreuve.
193 Le S. Prosper, piéce rare, dittò, premiere & superbe épreuve.
194 Vingt-huit sujets *idem* de dévotion, Vierges & autres, la plûpart rares & faits en Italie.
195 Quinze piéces *idem*, Paysages & autres sujets,
196 Dix piéces *idem*, Fêtes données à Florence.
197 Cent dix-sept piéces *idem*, Fantaisies, Ornemens, &c.
198 L'Entrée de l'Ambassadeur de Pologne, en six piéces, superbe épreuve, *idem*.
199 La vûe du Pont Neuf, *idem*, premiere épreuve & superbe.

DE TABLEAUX, ESTAMPES, &c. 17

199 bis. La même, idem.
200 La même piéce, avec la Girouette, & trois autres piéces du même.
201 La grande Foire de Nanci, par *Callot*, superbe épreuve.
202 Le Parterre & la Carriere de Nanci, idem.
203 Les Joueurs de boules avant le nom de *Callot*, superbe épreuve & très-rare.
204 La grande Chasse, les deux Vûes de Paris, & le Parterre, original & copie.
205 Le Rocher, le S. Claude, & l'Exorcisme.
206 Les quinze Batailles de Médicis.
207 Les Suplices, S. Jean dans l'Isle de Patmos, & les Martyrs du Japon, & deux autres piéces.
208 Les Vûes de Florence, dont le titre est avant le fond ; les quatre petits Paysages longuets, en tout dix-sept piéces, superbes épreuves.
209 Le Brelan, le Martyr S. Sébastien, la Mer Rouge, la petite Vûe de Paris, dont une épreuve avant le fond, en tout cinq piéces, belles épreuves.
210 Dix piéces, dont les Suplices, la petite Ferme, original & copie, la Sainte Famille d'après *And. Delsarte*, premiere épreuve, &c. &c.
211 Dix-neuf piéces, dont les quatre Marines, Carouzels de Florence, & Soliman.
212 Vingt-une piéces, dont le Combat à la barriere ; épreuve & contre-épreuve ; le Portrait de Dervet ; deux petits sujets rares, où se trouve dans l'un, deux Pelerins, & dans l'autre une Bataille, le Bras armé, & les Pantalons.

C

213 Trente-six piéces, les Bohémiens, les quatre Paysages longuets, l'Exercice militaire, & les deux petites Batailles.

214 Neuf piéces, la Thèse de la Vierge, Saint Claude, Massacre des Innocens, &c.

215 Trente piéces diverses, dont la Carriére de Nanci, &c.

216 L'Apothéose d'Isis, avec les Danseurs, premiere épreuve & parfaite, par *le Clerc*.

217 Les six piéces des Batailles d'Alexandre, par le même, anciennes épreuves.

218 Les Fables d'Esope, le grand Concile, le S. Augustin, rare, la Toison d'or, & les Gonds de pierres, en tout vingt-huit piéces, belles épreuves.

219 Cent quarante piéces diverses, par le même.

PORTRAITS.

220 Cinq Portraits gravés par *Masson*, dont celui du Vicomte de Turenne.

221 Celui du Comte d'Harcourt, connu sous le nom de Cadet à la Perle, par le même, belle épreuve.

222 Neuf *idem*, d'après Rigaud, dont celui du Cardinal de Noailles, gravé par *Edelinck*.

223 Deux d'après le même, dont M. de Croissy par *Edelinck*.

224 Six *idem*, dont le Comte d'Etleu par *Chereau*, &c.

225 Le Maréchal de Villars, d'après le même, par *Drevet*, premiere épreuve.

226 Deux *idem*, dont Boileau, par *Drevet*, & Delaunay, par *Chereau*.
227 Six Portraits d'*Edelinck*, dont Remigius du Laury.
228 Celui de Dilgerus, par le même, Estampe rare, d'une beauté & d'une condition parfaite.
229 Hugues Hens, & le petit Keller par *Edelinck*, tous deux avant la lettre ; & le Portrait d'un Général des Capucins, par *Mellan*.
230 Dix-sept Portraits d'Hommes illustres, par *Edelinck*, dont celui de Blanchard, &c.
231 Le Portrait de Jean de la Fontaine, d'après Rigaud, gravé par *Edelinck*.
232 Celui de J. B. Racine, aussi par *Edelinck*.
233 Seize Portraits d'Hommes illustres, par *Edelinck*, dont celui de l'Amiral Duquesne.
234 Douze *idem*, dont celui de Quinault.
235 Le Portrait de John Driden, sçavant Anglois, gravé par *Edelinck*, très rare.
236 Dix-sept Portraits, par le même, dont le Comte de Kaunitz.
237 Six par *Nanteuil* & autres, dont le petit Loret.
238 Deux par le même, dont la Mothe le Vayer, & le petit Loret.
239 Douze Portraits, dont celui de Nicol. Gouftou, Hallé, &c. &c.
240 Quatre par *Nanteuil*, dont le Vicomte de Turenne.
241 Dix par *Drevet* & autres, dont celui de M. le Duc de Bourbon.
242 Vingt-six Portraits divers, par *Mellan* & autres.
243 Cinquante-un *idem*, par *Nanteuil*

244 Trente *idem*, de différens Maîtres.

DESSEINS.

245 Une Vierge entourée d'Anges, par *Ventura Salimbeni*, belle composition.
246 Une femme demi corps, tenant un panier de fruits, par *Morillos*.
247 Douze Desseins, Etudes de divers Maîtres Italiens.
248 Douze, *idem*.
249 Onze, *idem*.
250 Dix, *idem*.
251 Huit, *idem*.
252 Sept, *idem*.
253 Une Cène, par *P. Rubens*, Dessein fait pour le Missel.
254 Deux sujets de Vierges avec plusieurs Saints au bas, très-bien composés, & supérieurement dessinés par *Sallaert*.
255 Un Dessein d'ostade, & un Paysage de *P. Bril*.
256 Un très-beau Paysage à la plume & au bistre, Dessein capital par *P. Bril*, très-bien conservé.
257 Le Jugement de Pâris, jolie composition, par *Rottenhamer*, Dessein coloré.
258 Un Paysage, par *Waterloo*.
259 Deux jolis Desseins de *Marine*, colorés.
260 Deux autres, *idem*.
261 Trois jolis Paysages, colorés & dessinés par *Baudouin*.

DE TABLEAUX, ESTAMPES, &c. 21

262 Une Tête à la fanguine, deffinée par G. Scalken.
263 Deux grands Deffeins, Vûes d'Italie, par Roos.
263 bis. Deux Payfages, lavés & colorés par R. Savery & *Winckboons*.
264 Un Deffein coloré, compofé de divers Oifeaux, peints à gouache par *Van Royen*.
265 Six Payfages à la plume, & lavés au biftre par *Neitz*.
266 Six autres *idem*, par *Genoels*.
267 Deux Deffeins de Payfages, colorés avec beaucoup de figures, par *J. Breugel*.
268 Quatre par *la Fage*, finement deffinés à la plume.
269 Vingt-quatre petits Crocquis, par le même.
270 Vingt-cinq Oifeaux divers, deffinés & colorés d'après nature.
271 Cinq Deffeins de petites Figures, & Marine, par *J. Callot*.
271 bis. Deux Païfages de *Paul Bril*.

ŒUVRES DIVERS,

Et fuites d'Eftampes en Volumes.

272 Un grand Volume *in-folio*, contenant la Galerie Farnèfe, *par Aquila*, en vingt-trois piéces, y compris les titres, d'après Ann. Carrache.

Les amours de Pfyché, d'après Raphaël, *par Dorigny* en douze piéces.

La Galerie du Grand Duc à Florence, peinte *par P. de Cortone*, gravée *par Blomaert & Blondeau* en vingt-sept piéces.

L'assemblée des Dieux du Lenfranc, *par Aquila* en neuf piéces, y compris le titre.

La Galerie Pamphile, d'après P. de Cortone, *par C. Cesio* en seize piéces.

Le tout relié ensemble uniformément dans ledit Volume & superbes épreuves.

273 Un Volume *in-folio* relié en parchemin, contenant les amours de Psyché, d'après Raphaël, *par Dorigny* en douze piéces.

Et l'assemblée des Dieux, peinte par Lenfranc au Palais Borgheze, & gravée *par Aquila* en neuf piéces; belles épreuves.

274 La Galerie Pamphile, d'après P. de Cortone, *par C. Cesio*, *in-folio*, oblong.

275 Les vûes de Venise dessinées & gravées *par Luc Carlevarüs* en cent une piéces, petit *in-folio*, oblong.

276 Un Volume oblong, contenant plus de cent vûes de Rome, *par Falda*; Paysages d'Herman, & à la fin la Galerie Farnèse, gravée *par le Blond*.

277 Les Cris de Boulogne, *par Mitelly*, d'après le Carrache, en quarante morceaux, broché en carton.

278 Recueil de diverses Fontaines, de Rome, Tivoli & Frescati, gravées à l'eau forte en quarante-sept piéces, *in-4°*. en parchemin.

279 Villa, Aldobrandina, &c. en dix-sept morceaux, gravés à l'eau forte, *par Dom. Barriere*, d'après le Dominiquin, *in-folio*, parchemin.

280 Ædes Barberinæ, petit *in-folio*, relié,

DE TABLEAUX, ESTAMPES, &c. 23

281 Les Peintures de l'Albane & du Dominiquin qui font dans le Palais Juftinien à Florence, gravées *par Frezza*, *in-folio*, broché.

282 Les Eglifes & Chapelles de Rome en deux Volumes *in-folio*, relié en veau.

283 Les Métamorphofes d'Ovide, compofées & gravées avec beaucoup d'efprit, *par Willem-Baure* en cent-cinquante piéces; fuperbes épreuves, Volume *in-*4°. oblong, en parchemin.

284 L'Œuvre de Willem-Baure, gravé *par Melchior Kuffel* en cent quarante-fept piéces des premieres épreuves.

285 Le Cabinet de l'Archiduc à Vienne, compofé de trente-quatre planches, fur lefquelles font gravés en petit tous les Tableaux, & toutes les Statuës, qui font l'ornement de la Galerie, avec l'explication en Latin & Allemand, Volume *in-folio*, broché en carton.

286 Le Cabinet de Rheinft, compofé de trente-quatre morceaux, gravés *par Vifcher*; & autres, d'après divers grands Maîtres Italiens & Flamands, *in-folio*, broché en carton.

287 Achates Tiberianus five Gemma Cafaræ; & avec quelques Figures d'après Rubens, *in-*4°. relié, *Amfterdam* 1683.

288 Les Figures de la Bible, gravées en bois en deux cent foixante-douze planches, avec l'explication au bas; *in-folio*, *Paris*, 1654.

289 Un Volume *in-*4°. broché, contenant 67. Portraits de Médecins, anciens & moder-

nes, gravés à l'eau forte, *par un Peintre Italien.*

290 Un Volume, contenant cent soixante-dix Portraits d'après Vandyck ; superbes épreuves, plusieurs à l'eau forte avant la lettre, & 80 avec l'adresse de Vanden-Enden.

291 Un Volume contenant cent vingt-quatre Portraits d'après Vandyck ; belles épreuves, dont vingt avec l'adresse de Vanden-Enden.

292 Supplément auxdits Portraits en cinquante piéces, broché, *la Haye*, 1723.

293 L'Œuvre de Gerard-Lairesse, composé de cent vingt-six morceaux, anciennes & superbes épreuves, Volume *in-folio*, broché en carton.

294 Les Comtes d'Hollande, gravés *par Vischer*, Volume *in-folio*, relié, avec discours.

295 Un grand Volume *in-fol.* contenant 1275 Pieces diverses, par *J. Callot,* dont les Epreuves sont toutes belles & bien conditionnées.

Toutes les Pieces qui forment des suites sont presque toutes avant les Nos. Il y en a parmi de très-rares, & souvent avec bien des différences, tel que dans les petits Sacrifices, dans les petits Banquets, dans le Massacre des Innocens, dans le Titre des vûes de Florence, dans le Portrait de Dervet.

Parmi le nombre des Pieces rares, il s'y trouve la Vierge d'*André Delsarte.*

Le Crucifix, & N. S. au Tombeau, d'après *Vanius.*

La

TABLEAUX, ESTAMPES, &c. 25

La petite Ferme. La petite Paſſion.

Les Joueurs de Boules, ou la petite Foire, y eſt avant la Lettre.

Les Caprices de Florence & Nancy y ſont complets.

La Pandore avant le Foudre dans la main de Jupiter, l'homme aux Eſcargots, le Rocher, les Meſureurs de Grains.

Les quatre petits Payſages longuets y ſont ſuperbes.

Les dix-huit Miſeres de la Guerre ſont avant les Lettres.

Le Banquet d'après Callot, par *B. Capitelli*, très-rare.

Les Vûes de Paris, la grande Chaſſe, la Carriére & le Parterre de Nancy avant les noms de Silveſtre.

Pluſieurs Titres & Portraits, ainſi que diverſes Pieces des premieres manieres de ce Maître, qui ſont très-rares.

Trois Fêtes pour l'Entrée de la Reine Mere en Flandres, d'après *Callot*.

Les deux petits Bras armés, le Puits ou le Purgatoire.

Les deux grandes Foires de Florence & Nancy, & les trois grands Siéges avec leurs Bandes.

Tout ce qu'on peut dire ſur cet aſſemblage & ſur le choix de ce volume, c'eſt qu'il faudroit bien du tems pour en former un pareil, & qu'il ſeroit trop-difficile d'en venir à bout. Il ſera vendu en entier, s'il ſe trouve un curieux qui le deſire à un prix honnête, ſinon il ſera détaillé & vendu par parties.

D

296 Un autre grand Volume *in-fol.* du même choix que le précédent, contenant 1220 Pieces, par *le Clerc.*

Parmi les rares il se trouve les quatre grandes Conquêtes à la suite des huit Tapisseries & de leurs Titres & Devises.

Les grandes & petites Conquêtes.

Les petites Batailles d'Alexandre, dont une avant la Lettre, & l'épaule nue dans une femme qui est sur le devant de la tente de Darius.

Les six Morceaux pour les Heures de Venise.

La Pierre du Louvre avant l'année. L'entrée d'Alexandre avec la Tête de Profil.

Le Mai des Gobelins avant la petite Femme sur le devant du Carosse.

Le *Parvulus*, avec l'Enfant nud.

L'Apothéose d'Isis, avec les Danseurs.

Les Vignettes, Culs-de-lampes & Lettres Grises qui ont été faites pour des Livres, y sont presque toutes avant les éditions.

La Vignette rare de Saint Augustin, le grand Concile, & enfin une quantité d'autres Piéces dont le détail seroit trop long, qu'il suffit d'assurer de la beauté & perfection de la plus grande partie, dont quelques unes rarissimes.

Le Curieux qui étoit possesseur de tout ce qui est renfermé dans le présent Catalogue, étoit en grande liaison de curiosité avec feu M. Potier, Avocat en Parlement, dont on a vendu le Cabinet il y a plusieurs années, & il tenoit de lui la plus grande partie de ses Estampes.

297 Les Batailles d'Alexandre en cinq grandes

Pieces, d'après le Brun, gravées par *Gerard Audrau*. La fixiéme Piéce gravée par *Picart*. Le Triomphe, & la Bataille de Conftantin, en grand de plufieurs feuilles ; le tout en Epreuves fuperbes, & reliées enfemble dans un même volume, *grand in-fol.*

298 La premiere partie des Tableaux du Cabinet du Roi en vingt-quatre morceaux, avec le Difcours. La Nape du *Titien* par *Maffon* eft fuperbe Epreuve. Dans le même Volume fe trouve les dix-huit Statues de Mellan, & les trois morceaux des Bains d'Apollon gravés par *Edelinck*, &c.

299 Les mêmes Tableaux du Cabinet du Roi en trente-fix Pieces, fans difcours, toutes belles Epreuves, *vol. in-fol.*

300 La Grotte, les trois morceaux des Bains d'Apollon, & quarante-une Groupes & Statues de marbre qui font à Verfailles, gravés par *Thomaffin*, reliés enfemble en un volume *in-fol.*

301 Les Plaifirs de l'Ifle Enchantée, Fêtes données à Verfailles en 1664. *in-fol.*

302 Le Louvre, les Thuilleries, Verfailles, & autres Maifons Royales, en foixante-dix Pieces reliées enfemble en un gros volume *in-fol. oblong.*

303 Un gros Volume contenant quarante-trois grands Morceaux, par *Vandermeulen*. Plus, en feuilles prêts à être reliés, douze grands Morceaux & quatre-vingt-huit moyens & petits Payfages & chevaux, par le même.

304 Les Tapifferies du Roi par *le Clerc*, d'après *le Brun*, repréfentant les quatre Élemens &

les quatre Saisons, avec leurs Devises, *in-fol.*
305 Médailles sur les principaux Évenemens du regne de Louis le grand, avec des Explications historiques. En 286 Pieces, *vol. in-4. relié.*
306 Les Conquêtes de Louis le Grand en trente-six Morceaux, gravés la plupart par *le Clerc. in fol.*
307 Les Médailles du Cabinet du Roi en quarante-une feuilles, *vol. in-fol. gr. papier.*
308 Les mêmes, *in-fol. petit papier.*
309 Les Conquêtes de Louis le Grand, connu sous le nom du petit Baulieu, *en 5 vol. in-4. oblong,* premiere Epreuve.
310 La Galerie du Luxembourg, anciennes Epreuves *in-fol. mar. rouge.*
311 Le Sacre du Roi, *in-fol. en mar. bleu à grande dentelle d'or.*
312 Les Fêtes données à Strasbourg à la Convalescence du Roi, *in-fol. mar. rouge à grande dentelle d'or.*
313 Les Fêtes données au Mariage de Dom Philippe, *in-fol. mar. rouge.*
314 L'Œuvre de *Meissonier*, Dessinateur du Cabinet du Roi, composé de cent seize Pieces d'Architecture & Ornemens à divers usages, *in-fol. relié en veau.*
315 Les Édifices antiques de Rome par *Desgodets,* belles Epreuves, & très-rares.
316 L'architecture de *Vitruve.* Paris, 1673.
317 L'Architecture de *Perrault.* Paris, 1683.
318 Histoire de l'Abbaye Royale de Saint Germain-des-Prez, avec Figures, *in-fol.* Paris, 1624.

DE TABLEAUX, ESTAMPES, &c. 29

319 La vie de Saint Bruno, peinte par *le Sueur* dans le Cloître des Chartreux, en vingt-deux Estampes des premieres Epreuves, *in-fol. gr.* relié.

320 Un autre exemplaire, *idem, broché.*

321 Un petit vol. oblong, contenant cent six petites Vûes & Payſages en rond, gravés par *Silveſtre* & *Perelle*, des premieres Epreuves.

322 Un petit vol. oblong en parchemin, contenant cent trente-deux Pieces, par le *Pautre ;* en tous genres.

323 Les Campagnes de Louis XV. par *Gofmond*, en trente-un Médaillons hiſtoriques, avec l'explication, *in-*4. *broché.*

324 Les Cavaliers de Parocel en cent quatre-vingt treize Pieces, *relié en veau.*

325 Les Impoſtures innocentes, par *B. Picart*, relié.

326 Les Plantes des environs de Paris, par *Vaillant*, *in-fol. relié.* Paris, 1727.

327 Les Hermites de Sadeler en cent dix Pieces, anciennes Epreuves, *reliés.*

328 Livre de Serrurerie par *Fordrin*, & Décorations d'Appartemens par *Berain*, 2 *vol. in-fol. reliés.*

329 La Vie de Samſon, par *Verdier, in-*4. *parchemin.*

330 Un Volume contenant cent vingt-ſept petites Eſtampes de différens Maîtres.

331 Un Volume *in-fol. broché*, contenant l'Hiſtoire des Guerres Civiles des Pays-Bas depuis l'année 1566, juſqu'en 1577. Toutes les Eſtampes ſont enluminées.

335 Le Peintre amateur, ou Deſcription des

plus beaux Tableaux & Cabinets de toute la Flandre Autrichienne, *vol. in-12. broché.*

329 Divers Catalogues de plusieurs ventes faites à Bruxelles, &c.

334 Un Porte-feuille de diverses Estampes qui fera détaillé.

TABLEAUX.

Les Tableaux annoncés ci-après font tous bordés nouvellement de Bordures dorées du dernier goût, & proportionnément a leurs grandeurs. Toutes celles qui les encadroient ayant été laissées à Bruxelles, ne valant pas le transport; les mesures sont prises sans Bordures.

N°. 1. UN grand Tableau de *D. Teniers*, dont la composition est des plus agréable. Il représente une Campagne dans laquelle se trouvent plusieurs Maisons devant lesquelles est un Groupe de Figures qui boivent & chantent; & sur le même Plan un autre Groupe de Paysans qui dansent. Sur ce premier Plan il y a cinquante figures d'un pied de proportion. Dans le fond du Tableau est un autre Groupe de trente Figures qui dansent & se divertissent; il est du meilleur tems de ce Maître, & touché avec tout l'esprit imaginable dont il étoit capable. Il porte 5 pieds 2 pouces de long sur 3 pieds 4 pouces de haut, & est sur toile.

2 Un autre Tableau peint sur cuivre par le même, portant 2 pieds 4 pouces de long sur 2 pieds de haut. Ce fut depuis 1640 à 50, que Teniers fit les plus beaux Tableaux que l'on connoît de lui: mais en voyant ces deux-ci on pourroit assurer qu'en 1648 il se surpassa. Ils ont été peints tous deux dans cette année.

Celui-ci repréfente l'intérieur d'une Maifon dans laquelle une compofition de plus de trente Figures forment le fujet. Sur le devant eft un Groupe admirable de plufieurs Figures à table, & les autres danfent. Dans le premier on y trouve toute la finefle du Deffein & l'art de ce grand Peintre : & dans celui-ci, fans déroger à ces deux qualités, il y regne un fini précieux & un accord admirable. Enfin, ce font les deux plus beaux Tableaux que l'on puiffe dire connoître de cet habile Artifte, de l'aveu même des Connoiffeurs de toute la Flandre, qui eft le théâtre de fa gloire; & ce n'eft qu'avec un regret infini qu'ils les ont vûs fortir de leur pays. Lorfqu'ils ont été en notre poffeffion, divers Amateurs font venus nous demander la permiffion de les voir, autant que notre commodité nous le permettroit, jufqu'au moment de notre départ : d'autres ne vouloient pas venir pour en oublier plutôt le trifte fouvenir. Ils font de la plus belle confervation, ainfi que les fuivans.

3 Un Tableau peint avec beaucoup d'art par *Luc Jordans*, fur toile portant 4 pieds 6 pouces de haut, fur 3 pieds 9 pouces de large. Il repréfente une Adoration des Bergers, & eft compofé de feize Figures : l'ordonnance & l'effet en font admirables. L'Enfant eft couché au milieu du Tableau & des rayons de fa gloire; il l'éclaire en entier; toutes les Figures font éclairées de reflet. La tête de la Vierge eft d'un caractére noble, fage, & des plus fin, ainfi que diverfes autres Figures qui l'accompagnent.

4 Un

DE TABLEAUX. 33

4 Un joli Payſage avec pluſieurs Figures & Animaux, peint par *Adrien Van de Velde* ; il eſt du meilleur tems & du plus précieux de ce Maître, ſur toile, portant 16 pouces de large ſur 13 de haut.

5 Une vieille femme demi-corps vûe de face, & éclairée par l'effet d'une chandelle qu'elle tient dans ſa main, peinte par *G. Dow.* L'effet en eſt très piquant, & le fini très précieux, ainſi que l'on connoît dans les Tableaux de ce Maître.

6 Un Hyver, avec quantité de Figures, peint & touché avec beaucoup d'eſprit, *par Breugel de Velours*, ſur bois, portant douze pouces ſur neuf de haut.

7 Un Homme, demi-corps, tenant à ſa main un verre, vû de face, à la porte d'une Maiſon entourée de Vignes, peint *par Adrien Van Oſtade* : il eſt du plus fin de ce Maiſtre, ſur bois, portant trois pouces de haut ſur cinq de large.

8 Un autre, *par le même*, repréſentant cinq Figures, qui boivent & chantent enſemble dans l'intérieur d'une Chambre, dont le fond eſt pytoreſque, la compoſition eſt amuſante & groteſque : il eſt peint ſur cuivre & porte huit pouces ſur ſix de large.

9 Un précieux Tableau, *par Ad. Elſeimer*, repréſentant un joli fond de payſage, ſur le devant un Soldat tranchant la tête à un Pape dans ſes Habits pontificaux, & dont les Ornemens ſont à côté de lui : on connoît aſſez la rareté des Tableaux de ce Maiſtre pour n'en rien dire davantage : il eſt peint ſur cuivre & porte environ 8 pouces ſur 5 de haut.

10 Un Tableau agréable de compofition, *par l'Albane*, il repréfente Jofeph avec la femme de Putiphar : il eft peint fur cuivre & porte feize pouces de large fur douze de haut.

11 Un très-joli Tableau, compofé de quatre Amours, dont un au milieu eft porté par deux autres, peint avec art, *par le Parmefan*; on en connoît l'Eftampe : il eft fur bois & porte huit pouces & demi fur fix de large.

12 Un Tableau, touché & peint avec beaucoup d'efprit, *par D. Teniers*, repréfentant un Homme & une vieille Femme dans un fond de payfage, défcendant d'une Montagne qui fe trouve fur le devant : il eft fur toile & porte vingt-quatre pouces fur vingt de large.

13 Deux Tableaux pendant, repréfentant, l'un le Paradis terreftre, enrichi de quantité d'animaux, l'autre un Payfage aufli orné de beaucoup d'animaux, peints & touchés avec beaucoup d'efprit, *par Grief*, fur toile, portant dix-huit pouces fur treize de large.

14 Deux Payfages avec figures & animaux, peints *par Huyfmans* de Maline, il font pendants, font peints fur toile & portent chacun environ quinze pouces fur douze de haut.

15 La Vifitation d'Elifabeth, agréable compofition, peinte *par Maes* fur toile, portant deux pieds & demi fur vingt-deux pouces de large.

16 Un des plus agréables Tableaux qu'ait jamais peint *Ant. Coypel*, il repréfente Bacchus & Ariane enchaînés & entourés par des Amours, dont l'Eftampe gravée *par G. Audran*, nous eft connue, il eft peint fur toile, & porte deux pieds & demi fur deux pieds trois pouces de haut.

DE TABLEAUX.

17 Un Paysage avec figures, peint *par S. Rose*, sur toile, d'environ vingt pouces sur quinze de haut.
18 Deux Tableaux pendants, peints sur bois, *par Alb. Durer*: ils ont jadis servi de volets à un Tableau vraisemblablement, car ils sont peints des deux côtés, mais non pas de la même main : ils portent environ trois pieds de haut, sur dix-huit pouces de large.
19 Une très-jolie Miniature, représentant un Portrait de femme, peint *par la Rosalba*.

F I N.

Lû & approuvé le présent Catalogue ce 29 May 1765.
COCHIN.

Vû l'Approbation, permis d'imprimer ce 30 May 1765.
DE SARTINE.

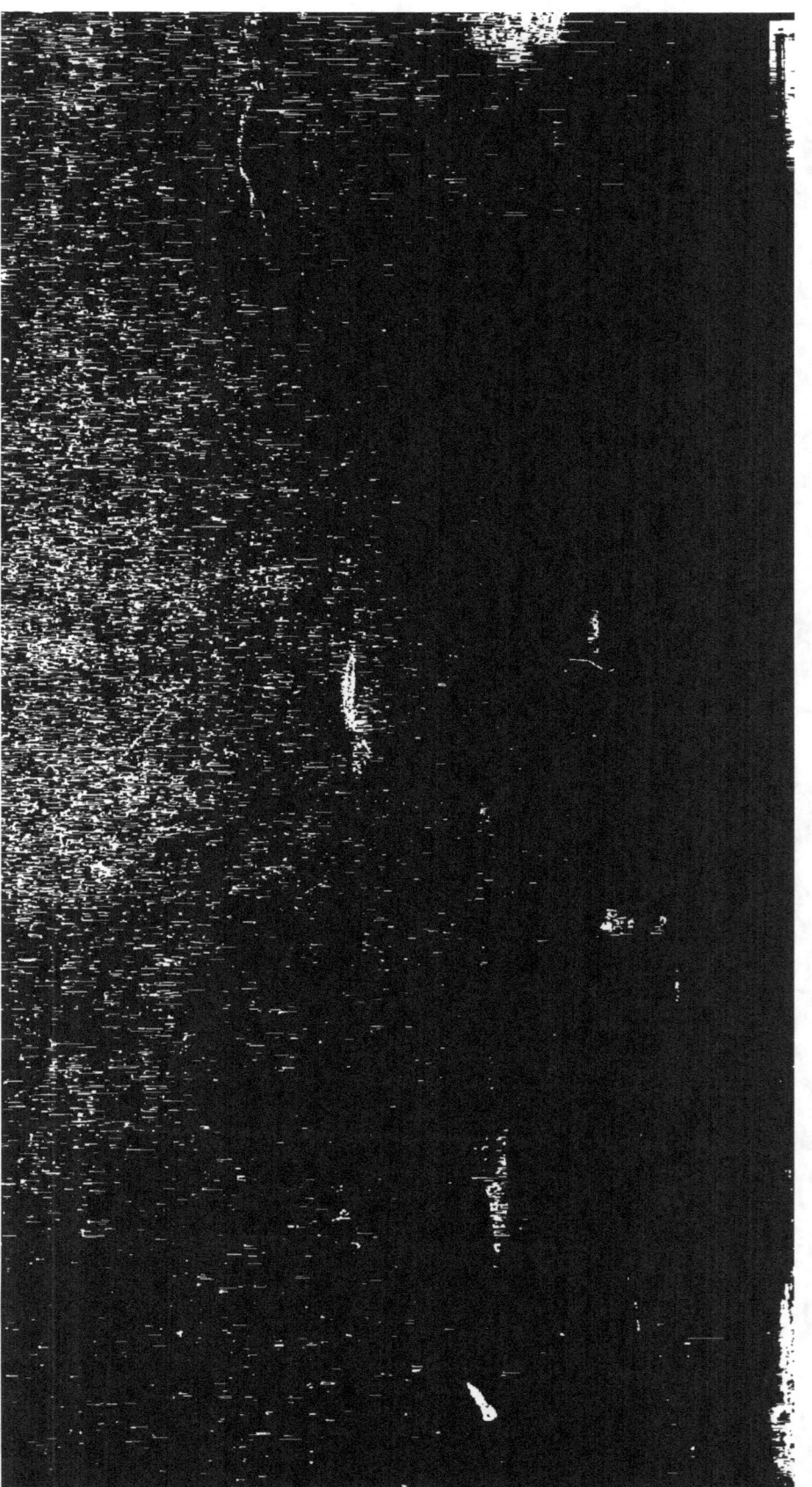

www.ingramcontent.com/pod-product-compliance
Lightning Source LLC
Chambersburg PA
CBHW030059230526
45471CB00003B/1157